BIBLIOTHÈQUE COMMUNALE

DE LIANCOURT (OISE)

CATALOGUE GÉNÉRAL

par ordre de matières

1880

CLERMONT (OISE)
IMPRIMERIE DU *JOURNAL DE CLERMONT*
RUE DE CONDÉ, 72

1880

BIBLIOTHÈQUE COMMUNALE

DE LIANCOURT (OISE)

CATALOGUE GÉNÉRAL

par ordre de matières

1880

CLERMONT (OISE)

IMPRIMERIE DU *JOURNAL DE CLERMONT*

RUE DE CONDÉ, 72

BIBLIOTHÈQUE DE LIANCOURT

CATALOGUE GÉNÉRAL

Encyclopédies et Périodiques

454. *Revue des Deux-Mondes.* Les 1ᵉʳ et 15 de chaque mois. 1879. 4 vol. in-8°.
455. *Bibliothèque universelle* : Revue suisse, mensuelle. 1879. 4 vol. in-8°.
456. STAHL, VERNE, etc. *Magasin d'éducation* : Journal bi-mensuel, illustré. 1879. Vol. in-4°.
457. CHARTON et BORDIER. *Magasin pittoresque.* Journal mensuel, illustré. 1879. 1 vol. in-4°.
216. ED. CHARTON. *Le Tour du Monde.* Journal des Voyages, illustré. 1860 à 1877. 17 vol. in-4°.
459. *L'Illustration.* Journal hebdomadaire. 1879. vol. in-4°.
460. SOCIÉTÉ FRANKLIN. Journal des *Bibliothèques populaires*, mensuel. 1879. Vol. in-8°.
1. MORERI. *Grand Dictionnaire* historique et géographique. 1732. 6 vol. in-folio.
2. L. MORERI. Supplément au *grand Dictionnaire* historique et géographique. 1732. 4 vol. in-folio.
87. *Journal des Sciences et Beaux-Arts.* 1778. 7 vol. reliés.
64. *Journal des Connaissances utiles.* 1831 à 1844. 13 vol. reliés.
176. MÉMOIRES DE TRÉVOUX. *Histoire des Sciences et Beaux-Arts.* 1705 à 1762. 7 vol. in-12.
207. *Journal des Communes* et des Établissements de bienfaisance. 1838 à 1853. Livraisons in-12.
138. DELAVIGNE. *Manuel complet* des Aspirants au Baccalauréat. 1832. 1 vol. relié.

Ecrivains polygraphes.

13. J.-J. ROUSSEAU. *Œuvres complètes.* 1793. 27 vol. in-12.
14. VOLTAIRE. *Œuvres complètes.* 1785. 92 vol. in-12.

Religion et Apologétique.

36. *Biblia sacra.* 1732. 1 vol. in-8°.
192. LE MAISTRE DE SACY. Les *quatre Évangiles.* 1824. 1 vol. relié.
37. OSTERVALD. *Ancien et nouveau Testament.* 1 vol. in-8°.
32. BASILE DE SOISSONS. Les *Fondements de la Doctrine chrétienne.* 1653. 2 vol. in-8°.
74. ERASME. Les *Apophthègmes.* 1537. 1 vol. relié.
46. DE FRAYSSINOUS. *Défense du Christianisme.* 2 vol. in-12.
300. D. DE THIERSANT. Le *Mahométisme* en Chine, etc. 1878. 2 vol. in-8°.
50. TURPIN. *Histoire de Mahomet.* 1773. 3 vol. in-12.
34. *Mémoires théologiques* et politiques, etc. 1765. 1 vol. in-12.
3. L'abbé FLEURY. *Mœurs des Israélites* et des chrétiens. 1806. 1 vol. in-12.
54. Le *Théisme.* Introduction à l'étude de la religion. 1795. 1 vol. in-12.
174. LES HABITANTS DE SARCELLE. Deux harangues à M. l'Archevêque de Paris. 1731. 1 vol. in-12.
102. UN ANGLAIS PROTESTANT. *Lettres d'Atticus,* sur les catholiques et les protestants. 1828. — Brochure.
181. PASCAL. *Pensées* et *Lettres* d'un provincial. 1820. 5 vol. in-12.
8. BENJ. CONSTANT. De la *Religion,* etc. 1824. 3 vol. in-18.
385. R. LAVOLLÉE. *Channing.* Sa vie et sa doctrine. Paris. 1876. 1 vol. in-18.
280. CH. LÉVÊQUE. Les *Harmonies providentielles.* Paris. 1877. 1 vol. in-18.
329. LE COMTE A. DE GASPARIN. Les *Ecoles du doute* et l'Ecole de la foi. 1875. In-18 broché.
330. LE COMTE A. DE GASPARIN. *Paroles de Vérité.* 1876. In-18 broché.

331. Le comte A. de Gasparin. Le *Christianisme au moyen-âge*. 1859. In-12 broché.
425. Ch. de Rémusat. *Channing. Sa vie et ses œuvres*. 1873, In-18 relié.

Philosophie.

163. Platon. *Divini Platonis operum a* Marsilio, tomus 2e. 1550. In-32 relié.
168. *OEuvres de Sénèque*. Traduites par Du Ryer. 1670. 12 vol. in-12.
85. *Les nuits d'Young*. Traduction de Letourneur. 1769. 2 vol.
106. *Institutions newtoniennes*. 1747. 1 vol. relié.
54. Gille-Blasius Sterne. *(Testament* de) traduit du Hollandais. 1788. 1 vol. in-12.
135. D. Hume. *Plaidoyer* pour et contre J.-J. Rousseau. 1768. 1 vol. cartonné.
39. Helvetius. *Œuvres complètes*. 1777. 5 vol. in-12.
98. Laromiguière. *Leçons de Philosophie*. 1818. 2 vol. brochés.
9. Azaïs. *Explication universelle*. 2 vol. in-8°.
114. Proudhon. De la *Création de l'ordre* dans l'humanité. 1843. 1 vol. broché.
113. Jules Simon. La *Religion naturelle*. 1 vol. broché.
154. La *Vie de Socrate*, traduite de l'anglais, 1 vol. in-12.

Morale et Politique.

104. Cicéron. *De officiis*, traduit en français. 1691. 1 vol. in-4°.
43. Anglurel de la B... *Pensées de Sénèque*. 1754. 1 vol. in-12.
48. *Epîtres de Sénèque*. 1691. 2 vol. in-12.
84. Sablier. Extrait des *Epîtres de Sénèque*. 1770. 1 vol. relié.
54. Plutarque. *Traités de Morale*. 1 vol. in-12.
82. Marc-Antonin. *Réflexions morales* et remarques de M. Dacier. 1 vol. in-12.

54 bis. LOCKE. *Traité du gouvernement civil.* Traduit de l'anglais. An III. 1 vol. in-12.
99. JOUY. *Morale appliquée à la politique.* 1822. 2 vol. brochés.
313. GARNIER. Les *Moralistes français.* 1875. 1 vol. in-8°.
396. DIDIER. *Vie de Franklin,* par Mignet. 1875. 1 vol. in-18.
379. HACHETTE. *Mémoire de Franklin,* traduction de Laboulaye. 1870. 1 vol. in-18.
164. BOURDON. *Recueil des actions héroïques et civiques,* etc. An II. 1 vol. in-32.
441. CHARPENTIER. *Œuvres sociales* de Channing. 1874. 1 vol. in-18.
100. GARROT. De la *Sauvegarde des peuples,* etc. 1815. 2 brochures.
409. ED. SAGNIER. Une *Poignée de Héros,* par Salières, 1 vol. in-18.
113. J. SIMON. 1° La *Liberté de conscience*; 2° Le *Devoir.* 1857. 2 vol. brochés.
323. Mme DE GASPARIN. *Sept Hommes.* etc. 1 vol. in-18.
324. A. DE GASPARIN. La *Famille.* 1872. 2 vol. in-18.
325. A. DE GASPARIN. Le *Bonheur.* Paris. 1872. 1 vol. in-18.
326. A. DE GASPARIN. Un *grand Peuple qui se relève.* Paris. 1873. 1 vol. in-18.
327. A. DE GASPARIN. L'*Ennemi de la Famille.* 1874. 1 vol. in-18.
328. A. DE GASPARIN. Les *Droits du cœur,* fragments. 1878. 1 vol. in-18.
271. OCTAVE NOEL. *Autour du Foyer,* etc. 1877. 1 vol. in-16.

Législation. — Droit public ou privé.

97. *Législation constitutionnelle,* ou Recueil des Constitutions françaises. 1820. 1 vol. broché.
165. MACAREL. *Législation et Jurisprudence* des ateliers dangereux. 1828. 1 vol. in-12.
259. NAD. DE BUFFON. Considérations sur le *Régime légal des Eaux de sources.* 1877. 1 vol. in-8°.
183. LE PAGE. *Lois des Bâtiments,* ou nouveau Desgaudets. 1821. 2 vol. in-12.
127. *Nouveau Code pénal.* 1832. 1 vol. in-12.

53. *Justiniani Institutiones.* 1808. 2 vol. in-12.
296. R. Lavollée. *Portalis,* sa vie et ses œuvres. 1869. 1 vol. in-8°.

Science économique et Statistique.

366. Block. *Manuel d'économie pratique.* 1 vol. in-18.
400. Blanqui (Aug.). *Voyage en Angleterre.* 1 vol. relié.
247. Le Play. *Mémoire* sur la fabrication des fers et aciers, etc., 1846. 1 vol. in-8°.
252. *Statistique internationale* de l'agriculture. Nancy. 1876. 1 vol. in-8°.
242. *Annuaire statistique* de la France. 1re année. 1878. 1 vol. in-8°.
243. *Statistique de la France.* Dénombrement de 1872. Grand in-8° broché.
244. Félix Lucas. *Etudes historiques et statistiques* sur les voies de communication. 1873. 1 vol. in-8°.
245. *Statistique de la France.* Enquête décennale de 1862 à 1868. Grand in-8° broché.
246. *Situation économique et commerciale* de la France, de 1857 à 1871. 1874. Grand in-8° broché.
4. *Traité des Monnaies,* etc., en forme de dictionnaire. 1764. 2 vol. in-4°.
260. Ed. Vignes. *Traité des Impôts* en France. Troisième édition. Paris. 1872. 2 vol. in-8°.
265. L. Beaugé. *Manuel de Législation,* d'administration et comptabilité militaire. 1876. 1 vol. in-18.
70. Fleurigeon. *Code* de la grande et petite voirie. 1848. 1 vol. in-8°.
170. *Liste des Postes* de la France, ordre du duc de Choiseul. 1769. 1 vol. relié.
262. Démarest. *Législation et organisation* des Sociétés de secours mutuels. Paris. 1872. 1 vol. in-8°.
377. Auger. *L'Assurance,* par Ed. About. 1870. 1 vol. in-18.
278. M. de l'Étang. 1° *L'Ouvrier,* sa Femme et ses Enfants. 1870.
2° *L'Épargne,* ou puissance des gros sous. 1869. 2 vol. in-18.
428. Véron. Les *Institutions ouvrières* de Mulhouse. Paris. 1866. 1 vol. in-8°.
189. *Essai d'Education nationale,* ou plan d'étude. 1825. 1 vol. in-12.

404. MICH. BRÉAL. L'*Ecole*, ou quelques mots sur l'Instruction publique en France. 1879. 1 vol. br.
184. BOUILLON. De la *Construction des Maisons* d'Ecoles primaires. 1834. 1 vol. broché.
248. DE FREYCINET. *Rapport sur l'Assainissement* industriel et municipal dans l'ex-Belgique et la Prusse-Rhénane. 1875. 1 vol. in-8°.
249. DE FREYCINET. *Rapport sur l'Assainissement* des Fabriques en Angleterre. 1864. 1 vol. in-8°.
250. DE FREYCINET. *Rapport sur l'emploi des Eaux d'égout* de Londres. 1867. 1 vol. in-8°.
251. DE FREYCINET. *Rapport supplémentaire* sur l'assainissement industriel et municipal en France et à l'étranger. 1878. 1 vol. in-8°.
228. BELGRAND. La *Seine*. Etudes hydrologiques et application à l'agriculture. 1872. Avec atlas.
73. DE LESSEPS. *Percement de l'Isthme de Suez.* 1866. Brochure in-8°.
177. RORET. Ponts et chaussées : *Encyclopédie.* 1844. 2 vol. in-12.
179. RORET. *Manuel des Ponts et Chaussées.* 1838. 1 vol. in-12.
267. CHALLOT. *Tramways et Chemins de fer sur routes,* Paris. 1878. 1 vol. in-18.

Histoire de France.

71. LAMARTINE. Le *Civilisateur*. Histoire des grands Hommes. 1852 à 1853. 13 monographies.
95. TH. BARBIER, *Guerre des Gaules*. Traduction des Commentaires de César. 1825. 1 vol. broché.
7. ANQUETIL et L. GALLOIS. *Histoire de France* des Gaulois à Louis XVI. 1829. 15 vol. brochés.
442. AUG. THIERRY. 1° *Lettre* sur l'Histoire de France ; 2° *Récits des temps mérowingiens* ; 3° *Conquête de l'Angleterre par les Nordmans.* 1874. 6 vol. in-18.
285. CHALLAMEL. *Mémoires du Peuple français* de son origine à nos jours. 1866. 8 vol. in-8°.
329. HENRI MARTIN. *Histoire de France* populaire. Furne, éditeur. Illustrée. 5 vol. in-4°.
284. BORDIER et CHARTON. *Histoire de France.* 1875. 2 vol. in-4°.
40. *Abrégé chronologique* de l'Histoire de France. 1761. 2 vol. in-12.

290. Malleson. *Histoire des Français* dans l'Inde. Paris. 1874. 1 vol. in-8°.
293. *Traditions et Souvenirs* sur le temps et la vie du grand Colbert. 1863. 5 vol. in-8°.
295. Goepp et Mannoury. Les *Marins*. Paris. 1877. 2 vol. in-8°.
395. E.-N. de Walley. *Saint-Louis* et le sire de Joinville. 1877. 1 vol. in-18.
171. *Mémoires du sire de Joinville.* 1666. 1 vol. in-12.
54. Vertot. *Histoire critique* de l'établissement des Bretons dans les Gaules. 2 vol. in-12.
119. *Histoire du général Moreau.* 1801. 1 vol. broché.
381. Villemain. *Vie de l'Hôpital.* Didier. 1878. 1 vol. in-18.
382. E. Legouvé. *Sully.* Didier. 1873. 1 vol. in-18.
286. De Lescure. *Henri IV.* Paris. 1877. 1 vol. in-4°.
287. Arth. Desjardins. *Etats-généraux.* 1871. 1 vol. in-8°.
288. Valfrey. *Hugues de Lionne* : ses ambassades en Italie. 1877. 1 vol. in-8°.
289. *L'amiral du Casse* (1648-1715). 1876. 1 vol. in-8°.
140. *Le cardinal de Retz.* Ses Mémoires sous Louis XIV. 3 vol. reliés.
141. *Lettres du cardinal. de Richelieu.* 1696. 1 vol. relié.
172. S. Ducros. *Vie de H. de Montmorency.* 1693. 1 vol. relié.
100. De Kératry. *Documents* pour servir à l'histoire de France. 1820. Brochure.
302. Fr. Monnier. *Vercingétorix* et l'indépendance gauloise. Paris. 1874. 1 vol. in-18.
303. Garnier. *Duguesclin et Vercingétorix*, par d'Héricoult et Moland. 1 vol. in-18.
304. Héricoult et Moland. *Jeanne d'Arc* et François Ier. 1 vol. in-18.
103. Zach. Rendu. *Notice historique* et archéologique sur Choisy-au-Bac. 1856. 1 vol. broché.
126. Guénard. *Besançon.* Description historique. 1844. 1 vol. in-12.

Histoire contemporaine.

369. Dussieux. La *Guerre de 1870-71.* 1873. 2 vol. in-18.
71. Ch. Paya. *Histoire de la guerre d'Italie.* Garibaldi. 1 vol. in-4°.
336. Thiers. *Histoire de la Révolution.* Edition Furne. Illustrée. 2 vol. in-4°.

336. THIERS. *Atlas* de l'Histoire de la Révolution. 1 vol. in-4°.
336. THIERS. *Histoire du Consulat*. Edition Furne. Illustrée. 1 vol. in-4°.
336. THIERS. *Histoire de l'Empire*. Edition Furne. Illustrée. 1878. 4 vol. in-4°.
336. DUFOUR. *Atlas* de l'Histoire du Consulat et de l'Empire. 66 cartes. In-4° cartonné.
100. NISAS CARION. La *France au XIXe siècle*. Brochure.
100. DEVOISIN. *Expédition de Constantine*. 1840. Br.
372. FRANCISQUE SARCEY. Le *Siége de Paris*. 1871. 1 vol. in-18.
377. ED. ABOUT. La *Grèce contemporaine*. 1872. 1 vol. in-18.
408. J. MICHELET. Les *Soldats de la Révolution*. 1878. 1 vol. in-18.
291. VIVIER. *Histoire de la Terreur* à Bordeaux. 1877. 2 vol. in-18.
294. ARM. LEFEBVRE. *Histoire des Cabinets de l'Europe sous le Consulat et l'Empire*. 1869. 5 vol. in-8°.
292. MASSON. Le *Département des Affaires étrangères pendant la Révolution*. 1877. 1 vol. in-8°.
25. *Mélanges révolutionnaires* : Les gardes nationaux à Dôle. 1790.
73. Le comte de MIRABEAU. *Considérations sur l'ordre de Cincinnatus*, etc. 1774. 1 vol. in-8°.
152. BUJUTÉ. *Almanach des Femmes célèbres*. An. VI. 1 vol. in-12.
101. Le Comte de LA ROCHEFOUCAULD. Du *Pardon accordé aux Royalistes* par les Révolutionnaires. 1817. Brochure.
397. FÉZENZAC. *Souvenirs militaires* de 1804 à 1814. Dumaine. 1870. 1 vol. in-18.
73. GOURGAUD. *Campagne de 1815*. 1818. 1 vol. in-18.
305. VIAL. Les *Premières Années de la Cochinchine*, colonie française. 1874. 2 vol. in-18.
437. H. MARTIN. *Daniel Manin*. Furne. 1861. 1 vol. in-18.
334. RAU. *Aperçu sur l'Etat militaire de l'Europe en 1877*. 1877. 1 vol. in-18.
399. ROB. MIDDLETON. *Garibaldi*. Ses opérations à l'armée des Vosges. 1 vol. broché.
356. Mme BOISSONNAS. *Un Vaincu*. Edition Hetzel. 1 vol. in-18.
356. Mme BOISSONNAS. *Une Famille pendant la Guerre*. Edition Hetzel. 1 vol. in-18.
430. CORN. DE WITT. *Washington*. Didier. 1876. 1 vol. in-8°.
301. ROUHAUD. La *Région nouvelle*, etc. 1868. 1 vol. in-18.
187. Comtesse ADROHOJOWSKA. L'*Histoire de l'Algérie*. 1848. 1 vol. in-12.

405. Jouault. *Abraham Lincoln*, ou l'Abolition de l'Esclavage aux Etats-Unis. 1875. 1 vol. in-18.
101. Baron Dupin. (Les quatre périodes de sa vie). 1841. Brochure.
70. Pierre Villiers. (Ses Œuvres posthumes). *Souvenirs d'un Déporté*. 1 vol. in-8°.

Histoire des Peuples modernes.

393. Laboulaye. *Histoire des États-Unis*. Edition Charpentier. 1877. 3 vol. in-18 reliés.
446. Macaulay. *Histoire du règne de Guillaume III*. traduition Pichot. 1857. 4 vol. in-8° reliés.
142. Louis Aubert. *Mémoires pour l'Histoire de la Hollande*. 1680. 1 vol. relié.
76. *Histoire de la conquête du Mexique*. 2 vol. reliés.
307. De Parieu. *Histoire de Gustave-Adolphe*, roi de Suède. Paris. 1875. 1 vol. in-18 broché.
41. Voltaire. *Histoire de Charles XII*, roi de Suède. 1731. 2 vol. in-12 reliés.
150. *Lettres du chevalier G. Temple* et autres Ministres d'État. 1665 à 1672. 2 vol. reliés.
44. *Ouvrage espagnol*, ou Mémoire de Montécuculli. 1704. 1 vol. in-12 relié.
45. Raynal. *Histoire philosophique et politique* des Etablissements européens dans les deux Indes. 1763. 7 vol. in-12 reliés.
73. Raynal. Les *Révolutions de l'Amérique*. 1771. 1 vol. in-8°.
139. *Mémoires* de la vie de milord duc d'Ormond. Traduction. 1737. 1 vol. relié.
143. *Histoire d'Alexandre Farnèse*, duc de Parme, etc. 1692. 1 vol. relié.
31. Recherche sur les *États-Unis de l'Amérique du Nord*. 1788. 2 vol. in-8°.
166. Montesquieu. *Esprit des Lois. Grandeur et Décadence des Romains*, etc. 8 vol.
424. Laferrière. Les *Principes de la Révolution*. 1852. 1 vol. in-4° relié.
144. Raynal. *Histoire du Parlement anglais*. 1749. 1 vol. relié.
129. Mably. Parallèle des *Romains et des Français*. 1740. 2 vol. reliés.
442. Aug. Thierry. *Essai sur le Tiers-État*. 1874. 2 vol. in-18 reliés.
436. Guizot. *Histoire de la civilisation en Europe*. Didier. 1858. 1 vol. in-18 relié.

Histoire des Peuples anciens.

200. PLINE. *Panégyrique de Trajan.* 1 vol. in-12 cart.
63. PLUTARQUE. Les *Vies des Hommes illustres*, Grecs et Romains. 1 vol. in-4° relié.
26. RICARD. Les *Vies des Hommes illustres* de Plutarque. 1830. 5 vol. in-8° reliés.
440. MARC MONNIER. *Pompéï et les Pompéïens.* Edition Hachette, illustrée. 1873. 1 vol. in-18 relié.
298. SAUVAIRE. *Histoire de Jérusalem* et d'Hébron, depuis Abraham, etc. Paris. 1876. 1 vol. in-8° br.
42. VERTOT. *Histoire des Révolutions* de la République romaine. 2 vol. in-12 reliés.
147. N. PERROT. La *Retraite des Dix-Mille* de Xénophon. 1706. 1 vol. relié.
42 bis. DE BURY. *Histoire de Philippe et d'Alexandre-le-Grand.* 1758. 1 vol. in-4° relié.
77. SALLUSTE. *Guerre contre Jugurtha* et Conjuration de Catilina. 1 vol. relié.
30. BOURGON. *Abrégé d'Histoire universelle.* 1833. 2 vol. reliés.
146. BERRUYER. Les *Histoires d'Hérodote*, traduites en français, avec cartes. 1687. 3 vol. reliés.
52. *Excerpta e Cornelio Tacito.* 1766. 1 vol. in-12.
78. *Titi Livii*, hist. quod exstat. 1750. 3 vol. reliés.

Géographie et Voyages.

219. P. GAYMARD. *Voyages en Scandinavie*, en Laponie, au Spitzberg, etc., pendant les années 1838, 1839 et 1840, avec atlas. 14 vol. grand in-8° cart.
220. M. DE FREYCINET. *Voyage autour du Monde*, sur les corvettes l'*Uranie* et la *Phénicienne*, etc., 1826. 2 vol. in-4° cartonnés.
220. M. DE FREYCINET. *Magnétisme terrestre.* 1842. 1 vol. in-4° cartonné.
220. M. DE FREYCINET. *Météorologie.* 1844. 2 vol. in-4° cartonnés.
220. M. DE FREYCINET. *Atlas nautique.* 1826. 1 vol. in-folio cartonné.
221. M. JACQUINOT. *Voyage au pôle sud* et en Océanie, sur l'*Astrolabe* et la *Zélée*, de 1837 à 1840. Commandant : Dumont-Durville. Paris, Gide et Baudry. 1846 à 1854. 10 volumes cartonnés avec atlas.

222. *Voyages de Découvertes de l'Astrolabe*, années 1826, 27, 28 et 29, sous le commandant Dumont-Durville. 1833. 1 vol. in-4° cartonné.
223. DUMONT-DURVILLE. *Voyage de découvertes de l'Antrolabe* de 1826 à 1829. Paris. 1834. 2 vol. in-8° cartonnés.
224. Le même voyage. Atlas de zoologie. Paris. Tastu. 1833. 1 vol. grand in-folio.
225. DUPERREY. *Rapport sur le voyage autour du Monde* de la corvette la *Coquille*. 1 vol. in-4° cart.
226. DUPERREY. Du même voyage. Atlas grand in-folio relié.
227. *Voyage autour du Monde*. Années 1836 à 1837 sur la corvette la *Bonite*, commandant M. Vaillant. 4 vol. grand in-8° avec atlas.
229. A. DU PETIT-THOUARS. *Voyage autour du Monde*, sur la frégate la *Vénus*. Paris. 1844. 6 vol. du tome 5 à 10.
16. CAMBRY. *Voyages pittoresques en Suisse et en Italie*. An IV. 2 vol. in-8° reliés.
89. CAMBRY. *Monuments celtiques*. 1805. 1 vol. cartonné.
309. FR. BURNALY. *Une Visite à Khiva*. Paris. 1877. 1 vol. in-18 broché.
299. L. DE BACKER. *L'Archipel indien*. Paris. 1874. 1 vol. in-8° broché.
216. ED. CHARTON. *Le Tour du Monde*. Journal des voyages, de 1860 à 1877. Paris. 33 vol. in-4° reliés. (Voir encyclopédies et périodiques.
378. HACHETTE. *Voyage au Brésil*, par M. et Mme Agassiz, traduit par Vaugeli, avec gravures. 1876. 1 vol. in-18 relié.
373. L'abbé DOMMENECK. *Journal d'un Missionnaire au Texas et au Mexique*. Gaume. 1872. 1 vol. in-18 relié.
231. RAYNAL. *Les Naufragés*, ou vingt mois sur un récif des îles Auckland. Paris. 1877. 1 vol. in-8° broché.
232. J. DE ROCHECHOUART. *Souvenirs d'un voyage en Perse*. 1867. 1 vol. in-8° broché.
332. Mme DE GASPARIN. *A Constantinople*. Paris. 1877. 1 vol. in-18 broché.
333. Mme DE GASPARIN. *Voyage au Levant*. 1878. 2 vol. in-18 brochés.
306. ROCHAS. *La Nouvelle Calédonie et ses habitants*. Paris. 1862. 1 vol. in-18 broché.
308. L. LÉGER. *Etudes Slaves*. Paris. 1875. 1 vol. in-18 broché.
398. DELAGRAVE. *Promenades topographiques* par Lottin, avec figures. 1873. 1 vol. in-18 cartonné.

274. Lesbazeilles. Les *Colosses anciens et modernes*. 1876. 1 vol. in-8° broché.
12. Francoeur. *Géodésie* ou *Traité de la figure de la Terre*. 1835. 1 vol. in-8° broché.
69. *Précis de la nouvelle Géographie de la France*, par les auteurs de l'Atlas national. 1791.
83. *Voyage d'un Philosophe en Asie, en Afrique et en Amérique* (1778). In-12 relié.
88. Cambry. *Description du département de l'Oise*. 2 gros volumes cartonnés.
178. Maccarthy. *Voyage dans la régence d'Alger*, avec cartes. 1 vol. in-12 relié.
217. *Cartes de nos principales voies de communication*, d'après les plans du ministère de l'agriculture, du commerce et des travaux publics. 1861 à 1876. six feuilles sur toile, un étui. Relié in-4°.
218. *Carte complémentaire* des précédentes, comprenant partie de la Belgique et des Etats limitrophes. 1876. Une feuille sur toile, étui. In-4°.
230. Eug. Méquet. *Voyage en Islande et au Groënland en 1835 et 1836*, sur la corvette la *Recherche*. 1 vol. in-8°. Paris, Bertrand, 1852.
235. *Grande Carte de France* du dépôt de la guerre. 33 feuilles à 1/320,000 et 257 feuilles à 1/80,000.
245. Delarbre. *Les Colonies françaises et leur administration*. Paris. 1878. 1 vol. in-8° broché.
263. *Introduction à l'étude de la Géographie*, par un marin. Paris, Furne et Jouvet. 1 vol. in-18 br.
310. J. Leclercq. *Un Été en Amérique*. Paris, 1877. 1 vol. in-18 broché.

Astronomie et Cosmographie.

238. Rambosson. *Histoire des Astres*, illustrée, ou Astronomie pour tous. Paris. Didot. 1877. 1 vol. grand in-8°.

Sciences mathématiques.

27. Cirodde. *Leçons de géométrie*. 1844. 1 vol. in-8° rel.
28. Legendre. *Éléments de Géométrie*. 1839. 1 vol. in-8° relié.

— 15 —

94. Peyrard. *Arithmétique de Bezout.* 1822. 1 vol. broché.
92. Brillat. *Métrologie française* ou Traité du Système métrique. 1802. 1 vol. broché.
257. Labrosse. *Prévision du temps.* Paris. 1878. 1 vol. in-8° broché.
194. *Abrégé d'Arithmétique décimale* pour les écoles chrétiennes. 1816. 1 vol. broché.
72. Lacroix. Traité élémentaire *d'Arithmétique et d'Algèbre.* 1804. 2 vol. brochés.
132. Chompré. Eléments *d'Arithmétique,* d'Algèbre et de Géométrie, avec figures. 1785. 1 vol. relié.
193. Clairaut. Eléments *de Géométrie.* 1852, 1 vol. in-12 cartonné.
180. Terquem. *Manuel de Mécanique.* 1851. 1 vol. in-12 relié.
237. J. Duplessis. *Traité du Nivellement.* Paris. 1877. 1 vol. in-8° broché.
68. Croiset. Un *Atlas de Géodésie,* etc. 1840. 1 vol. in-4° broché.

Physique et Histoire naturelle.

67. Brisson. *Dictionnaire raisonné de Physique.* 1800. 6 vol. in-8° demi-reliure.
Un album ou planches du Dictionnaire raisonné de Physique. 1 vol. in-4° relié.
91. Deguin. *Cours élémentaire de Physique.* 2 vol. brochés.
261. H. Berthoud. *Petites Chroniques de la Science.* 10 années. Paris. 9 vol. in-18.
316. H. Berthoud. Les *Soirées du docteur Sam.* Paris. Garnier. 1 vol. in-8° broché.
236. Hélie. *Traité de Balistique expérimentale.* Paris. 1875. 1 vol. in-8° broché.
107. Hauy. De *l'Electricité* et du *Magnétisme.* 1787. 1 vol. cartonné.
277. L. Renard. Les *Phares.* Paris. 1867. 1 vol. in-18 broché.
190. Bernardin de Saint-Pierre. *Etudes de la Nature.* 1825. 8 vol. in-12 brochés.
394. Montmahon. *Mœurs des Insectes.* Extrait des mémoires de Réaumur. Delagrave. 1876. 1 vol. in-8° relié.
278. Marion. Les *Merveilles de la Végétation.* Paris. 1872. 1 vol. in-18 broché.

383. Meunier. Les *Animaux à métamorphoses*. Paris. 1 vol. in-18 relié.
240. Carrière. *Traité général des Conifères*. Paris. 1877. 2 vol. in-8° brochés.
279. G. Tissandier. *L'eau*. Paris, 1873. 1 vol. in-18 br.

Physiologie et Médecine.

269. A. Riche. Les *Merveilles de l'œil*. Paris. 1876. petit in-18 broché.
258. J. Macé. 1° Les *Serviteurs de l'estomac*; 2° *Histoire d'une Bouchée de pain*. Edition Hetzel. 2 vol. in-18 reliés.
10. H. de Cuvillers. *Archives du Magnétisme animal*. 1823. 8 vol. in-8° brochés.
239. De Quatrefages. *L'Espèce humaine*. Paris. 1877. 1 vol. in-8° relié.
123. Chailly. *Traité d'Hippocrate*, avec texte. 1817. 1 vol. broché.
131. La *Médecine et la Chirurgie des pauvres*. 1 vol. rel.
234. *Assainissement des Halles centrales*. Paris. 1875. 1 vol. in-4° broché.
258. Fauvel. Le *Choléra*. Etiologie et prophylaxie. Paris. 1868. 1 vol. in-8° broché.
388. Miss Nightingale. Des *Soins à donner aux Malades*. Paris. Didier. 1869. 1 vol. in-18 broché.

Histoire des Sciences.

270. Em. With. Les *Inventeurs et leurs inventions*. Paris. 1864. 1 vol. in-18 broché.
360. Ernouf. *Deux Inventeurs célèbres*. Hachette. 1878. 1 vol. in-18 relié.

Littérature. — Etude des Langues.

24. *Lexique-Grec*. 1809. 1 vol. in-8° relié.
66. Planche. *Dictionnaire Grec-Français*. 1817. 1 vol. in-4° relié.

66. ALEXANDRE. *Dictionnaire Grec-Français*. 1 vol. in-4e relié.
137. LANCELOT. *Le Jardin des Racines grecques*, en vers français. 1714. 1 vol. relié.
29. *Lexique grec-latin*. 1 vol. relié.
195. LHOMOND. Eléments de la *Grammaire latine*. An VIII. 1 vol. cartonné.
149. Abbé BITURICI S. J. *Rigatæ accentuum et spirituum grecorum opera*. 1697. 1 vol. relié.
198. *Cours de Thèmes et de versions*. 1 vol. grand in-12.
20. DE WAILLY. *Vocabulaire de la Langue française*. 1 vol. in-8°.
75. ROLLIN. *Traité des études*. 1732. 4 volumes reliés.
22. GUIZOT. *Dictionnaire des Synonymes*. 1809. 1 vol. in-8°.
134. RESTAUT. *Principes généraux de la grammaire française*. 1770. 1 vol. relié.
130. DU MARSAIS. *Des Tropes*, ou différents sens dans lesquels on peut prendre un mot. 1787. 1 vol. relié.
319. ROZAN. *A travers les mots*. Paris. 1876. 1 vol. in-18 broché.
21. RICHELET. *Dictionnaire des rimes*. An VII. 1 vol. in-8° relié.
17. MORIN. *Dictionnaire étymologique* des mots français. 1803. 1 vol. in-8° relié.
18. VÉNÉRONI. *Grammaire française et italienne*. An IV. 1 vol. in-8° relié.
205. VERGANI. *Grammaire italienne* en 20 leçons, 1 vol. broché.
136. VÉNÉRONI. Le *Maître italien*, etc. 1720. 1 vol. relié.
133. SOBRINO. *Grammaire espagnole et française*. 1740. 1 vol. relié.
80. PERRIN. Eléments de la *Langue anglaise*. 1 vol. relié.
204. SIREY. Eléments de la *Langue anglaise*. 1 vol. broché.

Littérature. — Poètes anciens.

53. *Iliade*, texte grec d'Homère. 1833. 1 vol. in-12.
51. HOMÈRE. *Opera greca et latina*. 1757. 1 vol. in-12.
111. Mme DACIER. L'*Iliade d'Homère*, traduite en français. 1819. 1 vol.
420. HACHETTE. *Œuvres complètes d'Homère*. traduites par Giguet. 1876. 1 vol. in-18.

157. *Poésies d'Horace*, traduites en français. 1781. 2 vol. demi-reliure.
105. *Quinti Horatii Flacci carmina*, 1779. 2 vol. reliés.
318. ANQUETIL. Les *Odes d'Horace*, traduites en vers français. Paris. 1850. 1 vol. in-18 broché.
208. VIRGILE, traduit par DELILLE : 1° Les *Géorgiques*; 2° Les *Bucoliques*; 3° L'*Enéide*, texte en regard. 6 vol. in-12 reliés.
199. *Métamorphoses d'Ovide*. 1813. 1 vol. cartonné.
196. *Fables de Phèdre*. 1813. 1 vol. cartonné.
197. *Fables de Phèdre*. An X. 1 vol. cartonné.
434. FIORENTINO. La *Divine Comédie*, traduction. Paris. 1877. 1 vol. in-18.
60. TASSO. La *Gerusalemme liberata*. 1795. 2 vol. reliés.
206. ARIOSTE. Le *Roland furieux*. 1 vol. broché.
124. TRANSILLO. Le *Vendangeur*, poëme traduit de l'italien par Mercier. An VI. 1 vol. broché.

Littérature. — Poètes français.

312. P. DE JULLEVILLE. La *chanson de Roland*, traduite avec introduction et notes. Paris. 1878. 1 vol. in-8° broché.
174. A. GODEAU *Paraphrase des Psaumes de David*, avec musique. 1656. 1 vol. in-12.
101. BALZAC. *Douleurs et Guérison*, petit poëme allégorique. 1819. Brochure.
174. CORNEILLE. L'*Imitation de Jésus-Christ*, traduction en vers français. 1661. 1 vol. in-12 rel.
115. J. B. ROUSSEAU *Œuvres choisies*. 1820. 2 vol. brochés.
156. LA FONTAINE. *Fables choisies*. 1767. 1 vol. in-12 relié.
159. L. RACINE. La *Religion*, poëme. 1 vol. in-32.
61. GRESSET. *Œuvres choisies*. 1 vol. in-32.
208. DELLILE. 1° Les *Géorgiques*; 2° Les *Bucoligues*; 3° L'*Enéide*; 4° La *Pitié*, avec gravures. 7 vol. in-12 reliés.
118. Mme DUFRÉNOY. *Elégies et poésies diverses*. 1 vol. broché.
421. A. DE MUSSET. *Premières poésies*. 1821 à 1835. Edition Charpentier. 1878. 1 vol. in-18 relié.
426. V. HUGO. 1° Les *Feuilles d'automne*; 2° Les *Orientales*, Edition Hetzel. 2 vol. in-4° reliés.
160. Le *Poète sans fard*, satires, épîtres et épigrammes. 1698. 1 vol. in-12.

186. Les *Muses françaises ralliées*, etc. 1 vol. in-12.
120. *Nouveau choix de poésies*. 1725. 2 vol. reliés.
315. ANDRIEUX. *Œuvres choisies*, précédées d'une notice par Rozan. Paris. 1878. 1 vol. in-8° broché.
438. CHATEAUBRIAND. 1° *Le Paradis perdu* de Milton ; 2° *Une étude* par J. Lemoine. 1875. 1 vol. in-18.
154. POPE. *Œuvres diverses*. 1 vol. in-12.
162. GESSNER. *La Mort d'Abel*, en 5 chants, traduction. 1762. 1 vol. in-12.

Littérature. — Discours et Lettres.

47. *Histoires choisies des orateurs profanes*. 1778. 3 vol. in-12 reliés.
53. *Marc. Tulli Ciceronis orationes*. 1768. 2 vol. in-12 reliés.
110. *Chefs-d'œuvre d'éloquence française*. 1 vol. relié.
19. LA BRUYÈRE. *Caractères*. 2 vol. in-8°.
109. LA ROCHEFOUCAULD. *Maximes*. 1 vol. relié.
151. CHESTERFIELD. *Lettres du comte à son fils*. 1796. 6 vol. in-12.
148. SARAZIN. *Discours et poésies*. 1663. 1 vol. relié.
314. VOLTAIRE. *Lettres choisies*, avec notices par Moland. Garnier. 1872. 1 vol. in-8° broché.
155. DEMOUSTIERS. *Lettres à Emilie sur la Mythologie*. 3 vol. in-12.
188. DIODATI. *Lettres d'une péruvienne* en italien et en français. 1807. 2 vol. in-12 brochés.
429. G. CUVIER. *Éloges historiques*. Ducrocq. 1874. 1 vol. in-8° relié.
371. LAMARTINE. *Lectures pour tous*. Hachette. 1877. 1 vol. in-18 relié.
393. LABOULAYE. *Discours populaires*. Charpentier. 1870. 1 vol. in-18 relié.

Littérature. — Fables et Romans.

160. HÉLIODORE. *Amours de Théagène et Chariclée*, traduites du grec. 1588. 1 vol. in-32.
158. LEBRUN. *Apollonius de Tyane*, traduit du grec. 1797. 1 vol. in-12.

3. Philostrate. Les *Tableaux*, avec préface et table en 2 livres. 1 vol. in-folio.
55. Barthélemy. *Voyage du jeune Anacharsis en Grèce*, ive siècle avant l'ère vulgaire. 1792. 9 vol. in-12.
49. Fénelon. Les *Aventures de Télémaque*. Texte espagnol en regard. 1790. 2 vol. in-12.
56. Florian. *OEuvres de M. de...* 1791. 12 vol. in-18.
116. Fontenelle. *Dialogues des Morts*. 1818. 1 vol. broché.
173. Marmontel. *Bélisaire*. 1797. 1 vol. in-12 cartonné.
376. Bernardin de Saint-Pierre. *Œuvres choisies*. Hachette. 1876. 1 vol. in-18 illustré.
370. X. de Maistre. *Œuvres choisies*. Hachette. 1876. 1 vol. in-18 relié.
380. Pr. Mérimée. *Colomba*. Charpentier. 1878. 1 vol. in-18 relié.
117. D'Arlincourt. Le *Solitaire*. 1821. 2 vol. brochés.
431. Balzac. 1° *Eugénie Grandet*; 2° *Ursule Mirouet*. Lévy. 1879. 2 vol. in-18 reliés.
403. A. Dumas. Le *Capitaine Pamphile*. 1875. 1 vol. in-18 relié.
422. Saintine. *Picciola*. Hachette. 1877. 1 vol. in-18 relié.
374. G. Sand. 1° *La Mare au Diable*; 2° *Le Champi*; 3° La *Petite Fadette*; 4° Les *Maîtres Mosaïstes*; 5° Les *Beaux Messieurs de Bois-Doré*. Lévy. 1869. 5 vol. in-18 reliés.
417. J. Sandeau. *Madeleine*. Charpentier. 1879. 1 vol. in-18 relié.
417. J. Sandeau. Mlle *de la Seiglière*. Charpentier. 1879. 1 vol. in-18. relié.
371. Lamartine. Le *Tailleur de Pierres de Saint-Point*. Furne. 1879. 1 vol. in-18 relié.
362. E. Souvestre. 1° *Au Coin du Feu*; 2° *Sous la Tonnelle*; 3° *Confession d'un Ouvrier*; 4° *Mémorial de Famille*. Lévy. 1878. 4 vol. in-18 reliés.
386. Toeppfer. *Nouvelles Génevoises*. Hachette. 1876. 1 vol. in 18 relié.
377. Ed. About. *Maître Pierre*. Hachette. 1877. 1 vol. in-18 relié.
393. Laboulaye. *Paris en Amérique*. 1 vol. in-18 relié.
317. L. Esnault. *Dans les Bois*. Paris. 1870. 1 vol. in-16 broché.
321. J. Verne. Les *Enfants du Capitaine Grant*. Edition Hetzel. 3 vol. in-18 reliés.
321. J. Verne. *Cinq Semaines en Ballon*. 1 vol. in-18 broché.
321. J. Verne. Le *Chancellor* et Martin Paz. 1 vol. in-18 broché.

348. ERCKMANN-CHATRIAN. 1° *Confidences d'un Joueur de Clarinette*; 2° Le *Conscrit de 1813*; 3° *Madame Thérèse*; 4° *L'Invasion*; 5° Le *Blocus*; 6° *L'Ami Fritz*; 7° Le *Brigadier Frédéric*. Edition Hetzel. illustrée. 7 vol. in-4° reliés.
375. WYSS. Le *Nouveau Robinson Suisse*. Edition Hetzel. 1 vol. in-18 relié.
387. CERVANTÈS. *Don Quichotte*. Hachette. 1878. 1 vol. in-18 illustré.

Littérature. — Romans Anglais.

154. GOLDSMITH. *The Vicar of Wakefield*. 1 vol. in-12 cartonné.
385. HACHETTE. *Contes de l'Adolescence* par Miss Edgeworth, avec gravures. 1878. 1 vol. in-18 relié.
340. WALTER-SCOTT. 1° *Charles le Téméraire*; 2° *Prison d'Edimbourg*; 3° Les *Puritains d'Ecosse*; 4° *Ivanhoé*; 5° La *Fiancée de Lamermoor*. Edition Furne, avec gravures. 5 vol. in-8° reliés.
345. COOPER. 1° Le *Dernier de Mohicans*; 2° Les *Pionniers*; 3° *L'Espion*. Edition Furne, avec gravures. 3 vol. in-8° reliés.
368. DICKENS. *Nicolas Nickleby*. Hachette. 1878. 2 vol. in-18 reliés.
390. Miss CUMMINS. *L'Allumeur de Réverbère*. Hachette. 1877. 1 vol. in-18 relié.
419. CURRER BELL. *Jane Eyre*. Hachette. 1878. 2 vol. in-18 reliés.
384. Mme BEECHER-STOWE. La *Case de l'oncle Tom*. Traduction Esnault. Hachette. 1878. 1 vol. in-18 rel.
392. FARADAY. *Histoire d'une Chandelle*. Notice par H. Sainte-Claire Deville. Edit. Hetzel, avec figures, 1 vol. in-18 relié.

Littérature. — Théâtre et Mélanges.

161. Les *six Comédies de Térence*, traduites avec texte en regard. 1 vol. in-32 cartonné.
418. *Chefs-d'œuvre de Shakespear*. Hachette. 1878. 3 vol. in-18 reliés.

— 22 —

| » | P. et Th. Corneille. *Chefs-d'œuvre de Pierre et Th. Corneille.* 1810. 5 vol. in-32 reliés.
| 38. | J. Racine. *Œuvres de J. R...*, avec gravures. 4 vol. in-32 reliés.
| 391. | J. Racine. *Théâtre de J. R...* 1877. 1 vol. in-18 relié.
| 57. | Molière. *Œuvres de Molière.* 1759. 8 vol. in-18 rel.
| 407. | Marivaux. *Théâtre de M...* Etude par P. de Saint-Victor. Lévy. 1870. 1 vol. in-18 relié.
| » | Ponsard. Le *Lion amoureux*, drame en vers. Lévy. 1878. 1 vol. in-18 relié.
| 96. | *Recueil de comédies*, avec airs choisis. 1 vol. relié.
| 96. | M.-J. Chénier. *Jean Calas*, tragédie. 1793. 1 vol. cartonné.
| 35. | Crébillon. *Œuvres complètes*, avec gravures. 1785. 3 vol. in-8° reliés.
| 86. | Crébillon. *Œuvres complètes.* Vieille édition. 1778. 2 vol. reliés.
| 79. | Fabre d'Eglantine. *Théâtre français.* 1822. 1 vol. in-12.
| 167. | Beaumarchais. *Œuvres choisies.* 1818. 4 vol. in-12 brochés.
| 426. | V. Hugo. *Théâtre complet.* Edition Hetzel, illustrée. 1 vol. in-4° relié.
| 447. | E. Augier. *Théâtre complet.* Lévy. 1876. 1er vol. in-18 relié.
| 448. | A. Dumas fils. *Théâtre complet.* Lévy. 1878. 1er vol. in-18 relié.
| 449. | E. Labiche. *Théâtre complet.* Lévy. 1873. 1er vol. in-18.
| 367. | Manuel. Les *Ouvriers*, drame en vers. Lévy. 1875. 1 vol. in-18 relié.
| 15. | Noel. *Dictionnaire de la Fable.* 1810. 2 vol. in-8° reliés.
| 145. | Bois-Préaux. *Satires de Rabener*, traduites de l'Allemand. 1756. 2 vol. reliés.
| 38. | Mme de Montégut. *Œuvres mêlées.* 2 vol. in-8° reliés.
| 175. | De Moneuf. *Œuvres.* 3 vol. in-12 reliés.
| 100. | Les *Carillons francs-comtois*, par un anti-carillonneur. 1840. Brochure.
| 90. | Pérennès. *Principes de Littérature*, etc. 1837. 1 vol. broché.
| 311. | Major Staaf. *Cours de littérature française.* 1875. 6 vol. in-8° brochés.
| 320. | L. Étienne. *Histoire de la Littérature italienne.* Paris. 1875. 1 vol. in-18 broché.
| 182. | Fréret. *Œuvres complètes.* 1796. 20 vol. in-12 brochés.
| 453. | A. Martin. *Correspondance de Bernardin de Saint-Pierre.* 4 vol. brochés.

410. BÉRANGER. *Ma Biographie*. Perrotin. 1855. 1 vol. in-18 relié.
297. H. RICHELOT. *Gœthe, ses Mémoires et sa Vie*. Paris. 1863. 4 vol. in-8° brochés.

Beaux-Arts.

5. MARIETTE. *Cours d'Architecture*. 1 vol. in-4° relié.
93. *Manuel d'Architecture*. 1 vol. broché.
23. BULLET. *Architecture pratique*. 1792. 1 vol. in-8° relié.
102. POMMEREUIL. *L'Art de voir dans les Beaux-Arts*, etc. An VI. Brochure.
275. G. DUPLESSIS. *Les Merveilles de la Gravure*. 1877. 1 vol. in-18 broché.
185. MANCINI. *Réflexions pratiques* sur le chant figuré. An III. 1 vol. 12 broché.
101. CAMBRY. *Essai sur la Vie et les Tableaux de Poussin*. An VII. 1 vol.
282. E. LEGOUVÉ. *L'Art de la Lecture à haute voix*. Edition Hetzel. 1 vol. in-18 relié.

Agriculture.

125. *Notice sur l'Agriculture des Celtes et des Gaulois*. 1806. Tome Ier cartonné.
282. CIROTTEAU. *Leçons élémentaires* sur les Animaux domestiques, etc. 1877. 1 vol. in-12 broché.
254. *Rapport* sur l'Exposition relative à l'industrie laitière. Paris. 1875. 1 vol. in-8° broché.
233. *Lois et Documents* relatifs au Drainage. Paris. 1854. 1 vol. in-4° broché.
253. *L'Agriculture à l'Exposition de Vienne*. Rapport. Paris. 1874. 1 vol. in-8° broché.
255. DELACROIX. *Défrichement des Terrains incultes*. Campine belge, etc. Paris. 1878. 1 vol. in-8° br.
256. DUFR. et BOUQUET. *Les Bois indigènes et étrangers*. Paris. 1875. 1 vol. in-8° broché.
283. DE LAMBERTYE. *Choix, culture et taille des Arbres fruitiers*. Paris. 1 vol. in-18 broché.

— 24 —

268. LE CHARTIER. *Cours de Chimie agricole.* Rennes. 1876. 1 vol. in-18 broché.
122. RENDU. *Manuel d'Agriculture,* etc. 1838. 1 vol. br.
112. VITARD. *Manuel de Drainage.* 1855. 1 vol. broché.
100. VITARD. De l'*Aménagement des Eaux.* 1851. Broch.

Arts et Métiers.

266. PAUL POIRÉ. *Simples Lectures sur les principales Industries.* Paris 1878. 1 vol. in-12.
264. MAIGNE. *Arts et Manufactures.* Paris. 1875. 2 vol. in-18.
276. DE LASTEYRIE. *Histoire de l'Orfévrerie.* Paris. 1877. 1 vol. in-18.
11. MARISOT. *Tableaux détaillés* des prix de tous les ouvrages du bâtiment, etc. 1804. 2 vol. in-8°.
71. SIMONIN. *Traité élémentaire de la coupe des pierres ou art du trait.* 1792. Album in-4°.
121. TRUMBLAY. *Manuel du Marchand de bois.* 1 v. rel.
360. ERNOUF. *Trois Ouvriers français.* Hachette. 1878. 1 vol. in-18.
389. JOUVEAUX. *Quatre Ouvriers anglais,* traduction. 1878. 1 vol. in-18.

Art militaire.

281. *Manuel du Matelot canonnier.* Paris. 1877. 1 vol. in-18.
128. JOUAUST. *Nouveau Guide du Garde national.* Paris. 1830. 1 vol. in-12.
191. *Règlement concernant l'exercice et les manœuvres,* etc. 1820. 3 vol. in-32.

Clermont. — Imp. du *Journal de Clermont.*

www.ingramcontent.com/pod-product-compliance
Lightning Source LLC
Chambersburg PA
CBHW060610050426
42451CB00011B/2185